BEI GRIN MACHT SICH IHR WISSEN BEZAHLT

AF150795

- Wir veröffentlichen Ihre Hausarbeit, Bachelor- und Masterarbeit

- Ihr eigenes eBook und Buch - weltweit in allen wichtigen Shops

- Verdienen Sie an jedem Verkauf

Jetzt bei www.GRIN.com hochladen und kostenlos publizieren

Sabrina Flaig

Montessori-Pädagogik

GRIN Verlag

Bibliografische Information der Deutschen Nationalbibliothek:

Die Deutsche Bibliothek verzeichnet diese Publikation in der Deutschen National-bibliografie; detaillierte bibliografische Daten sind im Internet über http://dnb.d-nb.de/ abrufbar.

Dieses Werk sowie alle darin enthaltenen einzelnen Beiträge und Abbildungen sind urheberrechtlich geschützt. Jede Verwertung, die nicht ausdrücklich vom Urheberrechtsschutz zugelassen ist, bedarf der vorherigen Zustimmung des Verla-ges. Das gilt insbesondere für Vervielfältigungen, Bearbeitungen, Übersetzungen, Mikroverfilmungen, Auswertungen durch Datenbanken und für die Einspeicherung und Verarbeitung in elektronische Systeme. Alle Rechte, auch die des auszugsweisen Nachdrucks, der fotomechanischen Wiedergabe (einschließlich Mikrokopie) sowie der Auswertung durch Datenbanken oder ähnliche Einrichtungen, vorbehalten.

Impressum:

Copyright © 2012 GRIN Verlag GmbH
Druck und Bindung: Books on Demand GmbH, Norderstedt Germany
ISBN: 978-3-656-53646-8

Dieses Buch bei GRIN:

http://www.grin.com/de/e-book/263320/montessori-paedagogik

GRIN - Your knowledge has value

Der GRIN Verlag publiziert seit 1998 wissenschaftliche Arbeiten von Studenten, Hochschullehrern und anderen Akademikern als eBook und gedrucktes Buch. Die Verlagswebsite www.grin.com ist die ideale Plattform zur Veröffentlichung von Hausarbeiten, Abschlussarbeiten, wissenschaftlichen Aufsätzen, Dissertationen und Fachbüchern.

Besuchen Sie uns im Internet:

http://www.grin.com/

http://www.facebook.com/grincom

http://www.twitter.com/grin_com

Inhalt

1. Problem- /Fragestellung

Die Montessori- Pädagogik wird immer beliebter und verbreiteter. Doch trotzdem gibt es noch viele Vorurteile gegen diese Art der Reformpädagogik, die man auch schon teilweise von der Waldorf- Pädagogik kennt. In vielen Foren wird rege über das Thema diskutiert:

Die Kinder würden nicht auf das Arbeitsleben mit seinem ständigen Leistungsdruck vorbereitet werden. Sie würden den ganzen Tag mit Spielen bzw. nichts tun verbringen. Es würde nur Wert darauf gelegt die Kinder zu Selbstständigkeit und Selbstbestimmung zu erziehen, nicht jedoch darauf, dass sie nicht immer das tun können was sie gerade wollen, dass manche Dinge jetzt sofort, auch gegen ihren Willen gemacht werden müssen. Die Montessori- Kinder würde es nie auf eine „normale" Schule schaffen. Sie wären dem Wissensstand von Gleichaltrigen hinterher. Im späteren Leben hätten sie erhebliche Probleme. Vor allem auch die Meinung, es handle sich bei der Montessori- Pädagogik um den so genannten „Laissez-faire"- Erziehungsstil (auf dt.: „Lass sie machen") ist weit verbreitet und, dass dieser in der heutigen Zeit einfach nicht mehr möglich wäre.

Auf der anderen Seite heißt es jedoch auch wieder die Kinder lernen Selbständigkeit, entwickeln sich zu einer individuellen Persönlichkeit, können durch die Freiarbeiten ihren Charakter frei entfalten, und würden schon im Kindesalter mit bestimmten Materialien intellektuell und individuell gut gefördert werden.

Doch sind die oben genannten Vorurteile tatsächlich berechtigt? Kaum einer wird wissen, was die Montessori- Pädagogik wirklich ist oder wie sie überhaupt funktioniert. Da stellt sich dann natürlich auch die Frage, warum man sein Kind trotz dieser Vorurteile in eine Montessori- Einrichtung schicken soll.

2. Die Anfänge und die Entwicklerin Maria Montessori

Maria Montessori wurde am 31. August 1870 in der Nähe von Ancona in Italien geboren. Als erste Frau in Italien erwarb sie 1896 den medizinischen Doktorgrad und wurde die erste Ärztin Italiens. Anschließend wurde sie Professorin in Rom von 1900 bis 1908. Sie beschäftigte sich während ihrem Studium viel mit den Schriften von Seguin und Itard. Daraus entstanden ihre eigenen Grundlagen für die Arbeit mit Kindern. 1900 eröffnete Maria Montessori ihre erste Schule, an der sie geistesschwache Kinder nach ihren Erziehungsmethoden unterrichtete und auch Lehrer dafür ausbildete. Später errichtete sie in einem Elendsviertel von Rom ein Kinderhaus, wo sie ihr pädagogisches Konzept erweiterte. Maria Montessori starb am 6. Mai 1952 in Holland.[1] Auf ihren Grabstein steht (auf Italienisch) zu lesen: "Ich bitte die lieben Kinder, die alles können, mit mir zusammen für den Aufbau des Friedens zwischen den Menschen und in der Welt zu arbeiten."

Für Maria Montessori war die lebenslange Erziehung der Kinder sehr wichtig, vor allem dahin, dass sie helfen den Frieden auf der Welt und zwischen den Menschen zu erhalten. Dafür wurde sie für den Friedensnobelbreis nominiert.[2] Ihre Ansichten zur kindlichen Erziehung und das Wesen der Kinder hatten großen Einfluss auf die weltweit neue Pädagogik.[3] Alle Montessori- Kindergärten und -Schulen basieren auf ihren Erkenntnissen. Diese bekam sie durch ihr Studium, die Beobachtung der Kinder und die anschließende Reflexion. Ihre Pädagogik war bestimmt von der Achtung und Selbstbestimmung jedes Kindes und der Verantwortung von jedem für die Umwelt.[4] Sie war der Ansicht, dass die Denkweise, man müsste das Kind der Umwelt der Erwachsenen anpassen falsch sei. Besser wäre es, die Umwelt dem Kind entsprechend anzupassen. Bekommt das Kind nämlich passende und ihm entsprechende Materialien, die es interessieren und vor allem neugierig machen, dann verfällt es in eine unglaubliche Konzentration, die das Kind ausgeglichener und ruhiger macht.[5] Diese Erkenntnisse aus Montessoris Beobachtungen in ihren Kinderhäusern und Schulen waren der Anfang ihrer neuen Art der Pädagogik. Es sollte eine

[1] Hobmaier (2008), S. 415
[2] Montessori Dachverband Deutschland e.V., Maria Montessori- Lebenslauf und -werk, S. 6
[3] Maria Montessori (1990), S. 1
[4] http://www.montessori-deutschland.de/maria_montessori.html?&MP=207-778
[5] Montessori Dachverband Deutschland e.V., Maria Montessori- Lebenslauf und -werk

Pädagogik für das Kind sein, die ihm hilft sich selbst zu helfen und so Selbständigkeit entwickelt.

3. Grundlagen der Montessori- Pädagogik

3.1 Grundlagen und Prinzipien

Die Montessori- Pädagogik beruht auf dem Gedanken: „Hilf mir, mir selbst zu helfen". Sie ist eine Erziehung die vom Kind aus geht.[6] Montessori sagt, dass das Kind geboren wird und sofort den Drang verspürt zu lernen. Dieses Bedürfnis sollte von Erwachsenen und einer anregenden Umwelt unterstützt werden, damit es durch seine selbstgemachten Erfahrungen seine Persönlichkeit bilden kann.[7] Um diesen Grundsatz besser zu verstehen, werden nun einige Grundlagen der Erziehung nach Montessori erklärt.

Der innere Bauplan

Jeder Mensch entwickelt sich nach einem inneren Bauplan. Er bestimmt sowohl die körperliche, als auch die seelische Entwicklung eines Kindes. Da er sehr empfindsam gegenüber der Umwelt und ihren Reizen ist, ist es notwendig, dass die Umgebung auf die Bedürfnisse des Kindes angepasst wird. Geschieht dies nicht, so kann es passieren, dass der innere Bauplan durch das falsche Einwirken der Erwachsenen geschädigt oder zerstört wird. Es ist daher notwendig die Umwelt dem Kind anzupassen und nicht andersherum.

Der absorbierende (= aufnehmende) Geist

Da der Mensch nicht in der Lage ist aus Instinkten heraus zu handeln, muss er sich durch Erziehung alles Notwendige aneignen. Das geschieht mithilfe des absorbierenden Geistes. Das ist eine geistige Kraft, die Umwelteindrücke aufnehmen und sie unbewusst speichern kann. Das bedeutet im Falle eines Kindes, das zum Beispiel die Sprache erlernt, dass einfach alles an Wörtern aufgenommen wird und im Unbewusstsein gespeichert und dort auch schon verarbeitet wird. Später dann, wenn die Sprache zum Vorschein kommt, treten diese Eindrücke hervor. Da dieser absorbierende Geist nur in den ersten Lebensjahren vorhanden ist, sind Kinder in der Lage jede Sprache unabhängig von ihrem Schwierigkeitsgrad zu erlernen, während Erwachsene erhebliche Probleme damit haben.

Die sensiblen Perioden

---

[6] Hobmaier (2008), S. 417
[7] Barbara Stein (2003), deutsche Montessori- Vereinigung e.V.

Der absorbierende Geist wird von bestimmten Abschnitten im Leben eines Kindes gelenkt, den sensiblen Perioden. Je nachdem was gerade am Nötigsten ist, wird diese Kraft auf dieses Ereignis oder auf die jeweiligen Eindrücke gerichtet. So durchlebt das Kind drei verschiedene sensible Perioden.[8] Zuerst die für die Bewegung, dann für die Ordnung und anschließend für die Sprache. Die sensible Periode für die Bewegung beginnt bereits beim Säugling. Sie zeigt sich in der Freude an einfachen Bewegungs- Koordinations- Übungen, wie nach etwas Begehrtem zu greifen. Die sensible Periode für die Sprache zeigt sich darin, dass Kinder mühelos jede Sprache erlernen können, während bei Erwachsenen die Periode schon beendet ist und sie es somit schwerer haben. Die Sensibilität für Ordnung entsteht ebenfalls schon im Kleinkindalter.[9] Wird etwas Vertrautes verschoben oder umgeräumt ruft das schon bei Kinder im Alter von zwei Jahren einen Weinanfall oder ähnliche heftige Reaktionen hervor, die von Erwachsenen, die mit der Montessori- Pädagogik nicht vertraut sind meist nicht verstanden werden. Dies zeigt sich an eine Beispiel aus Maria Montessoris Erfahrung: Es geht um ein sechs Monate altes Kind, das eines Tages Besuch von einer älteren Dame bekommt. Die legt ihren Sonnenschirm im Kinderzimmer auf den Tisch. Das Kind starrt den Schirm an und fängt schließlich an zu weinen. Die Dame deutet daraus, dass es gerne den Schirm möchte und reicht ihn ihm. Doch das Kind weint nur noch mehr. Erst als die Mutter den Schirm ganz entfernt hat beruhigt sich ihr Kind wieder. Daran sieht man, wie Kinder auf ungewohnte Gegenstände an vertrauten Plätzen aufgrund ihres Ordnungssinns schon reagieren. Auch die Tatsache, dass sich Kinder über etwas für Erwachsene unbegreifliches, total freuen können, nur weil es immer am gleichen Platz steht, zeigt den schon früh ausgeprägten Ordnungssinn. Verdeutlicht wird das an einem weiteren Beispiel aus Maria Montessoris Erfahrung: Eine Pflegerin fuhr ein fünf Monate altes Kind in einem Wagelchen durch einen wunderschönen Garten mit Blumen. Das Kind zeigte immer Freude und Interesse beim Anblick einer gelben Mauer mit weißen Marmorplatten. Hier zeigt sie die Freude über einen immer am gleichen Platz wiederzufindenden Gegenstand.[10] In den jeweiligen Perioden werden nur die Eindrücke aus der Umwelt aufgenommen, die für das Erlernen der Tätigkeit notwendig sind. Alles andere wird mehr oder weniger ignoriert. Die Zeitspannen für eine Periode sind nicht besonders lang. Wird diese Zeit nicht genutzt, so hinterlässt das erhebliche Schäden bei dem Kind, die nur mit viel Mühe und Aufwand wieder behoben werden können. Auch daraus lässt sich erklären, wieso Erwachsene Fremdsprachen schwerer erlernen, als Kinder. Bei ihnen ist die sensible

---

[8] Hobmaier (2008), S. 417
[9] Barbara Stein (2003), deutsche Montessori- Vereinigung e.V.
[10] Maria Montessori (1990), S. 59 f

Periode für die Sprache schon verstrichen. Bildhaft lässt sich das Ganze an einem Scheinwerfer erklären. Er erleuchtet immer nur einen Bereich taghell und in diesem Bereich kann sich das Kind dann voll ausleben und sich nur auf die eine Sache konzentrieren. Die anderen Bereiche sind dunkel und somit uninteressant oder eben noch nicht von Bedeutung.[11]

Kinder von sechs bis ca. elf Jahren sind über die sensiblen Perioden hinaus, doch aus sie wollen weiter lernen und wachsen. Sie beginnen mit anderen Menschen in Kontakt zu treten und entwickeln einen Sinn für Gerechtigkeit und Moral. Sie möchten die Natur erforschen und die Sprache, sowie die Mathematik erlernen.[12]

Und genau an das knüpft die Montessori- Pädagogik an.

3.2 Ziele der Montessori- Pädagogik

Die Ziele der Montessori- Pädagogik sind sogenannte „Schlüsselkompetenzen", wie zum Beispiel Kommunikation, Teamarbeit, Verständnis oder Selbstständigkeit. Es geht in erster Linie nicht um die Leistung, sondern darum, dass die Kinder ein Gespür dafür entwickeln, wie sie sich gegenüber ihren Mitmenschen und der Natur verhalten sollten. Aus diesem Grund sind die Montessori- Einrichtungen auch für alle geöffnet: Menschen mit und ohne Behinderung, Arme und Reiche, Hochbegabte und Lernschwache. Maria Montessori war es wichtig, dass alle Kinder die gleiche Chance haben heranzuwachsen und gemeinsam in einer friedlichen Welt leben können. Deshalb erhalten die Kinder eine Friedens-, Gerechtigkeits- und Umwelterziehung. Sie sollen ihre Persönlichkeit selber entwickeln können, ohne den schädigenden Einfluss der Erwachsenen. Dabei ist es eben auch wichtig, dass sie eine gewisse Selbstständigkeit lernen, die sie dann als Erwachsener vorzuweisen haben.

Ganz nach dem Grundsatz „Hilf mir, mir selbst zu helfen", möchte die Montessori- Pädagogik aber nicht nur die Kinder einfach machen lassen, sondern ihnen die Vorbilder und Wertvorstellungen mitgeben, die sie für ihren Weg zur eigenen Persönlichkeit und ihren Platz in der Gesellschaft benötigen.[13]

3.3 Wie arbeitet die Montessori- Pädagogik?

Maria Montessori fiel bei der Beobachtung ihrer Kinder in ihrem ersten Kinderhaus auf, was Kinder eigentlich wollen und was nicht. Daraus erstellte sie eine Liste, die auch heute noch bei den Aufgaben und der Art der Erziehung und des Unterrichtens in

---

[11] Maria Montessori (1990), S.49
[12] Barbara Stein (2003), deutsche Montessori- Vereinigung e.V.
[13] Prof. Dr. Hans Dietrich Raapke (2003), dt. Montessori-Vereinigung e.V.

vielen Montessori- Einrichtung so vorzufinden ist:

1. Individuelle Arbeit, Wiederholung der Übungen, freie Wahl, Kontrolle des Irrtums, Übungen der Stille, gute Manieren im gesellschaftlichen Umgang, Ordnung in der Umwelt, Sauberkeit, Erziehung der Sinne, Schreiben unabhängig vom Lesen, Schreiben als Vorstufe zum Lesen, Disziplin in freier Tätigkeit.

2. Abschaffung der Belohnung und Strafe, Abschaffung der Fibeln, Abschaffung der gemeinsamen Lektionen, Abschaffung der Lehrpläne und Prüfungen, Abschaffung der Spielsachen und Süßigkeiten, Abschaffung des Status des unterrichtenden Lehrers. [14]

Besonders wichtig dabei ist die Freiarbeit. Hauptsächlich in den Kindergärten, aber auch in den Schulen wird viel Wert darauf gelegt, dass die Kinder sich mindestens eine Zeit lang mit dem beschäftigen können, wozu sie Lust haben. Schon Maria Montessori fiel auf, dass dabei die Kinder in eine tiefe Konzentration verfallen und sich voll und ganz mit ihrer Tätigkeit beschäftigen. Ein weiterer wichtiger Punkt ist, dass es keine nach Jahrgängen getrennten Klassen gibt. Durch die sogenannten gemischten Lerngruppen entsteht eine besondere Art des Lernens. Die Großen helfen den Kleinen bei vielen Dingen und lernen so Verantwortung und bekommen das Gefühl gebraucht zu werden. Die Kleinen profitieren vom Wissen der Älteren, indem sie ihnen einfach vieles nachmachen. Neben diesen Grundlagen gibt es natürlich noch spezielle Materialien in einer Montessori- Einrichtung und auch der Erzieher oder Lehrer spielt eine wichtige Rolle dabei. [15]

3.3.1 Die Materialien

Das Material und die Spielsachen in Montessori- Einrichtungen müssen so sein, dass die Kinder ihr Bildungsziel erreichen können. Wichtig dabei sind folgende Kriterien:

- Es muss eigenständiges Denken und Arbeiten fördern.
- Es passt zur der Entwicklungsstufe des Kindes.
- Schwierige Themen sind auch damit verständlich und anschaulich erklärt.
- Die Kinder können ihre Fehler selber kontrollieren und verbessern.
- Es liegt frei zugänglich nach Themen geordnet in Regalen, so dass jedes Kind jederzeit daran kommt.
- Jedes Spielzeug ist nur einmal vorhanden, damit die Kinder lernen sich miteinander abzusprechen.

---

[14] Maria Montessori (1990), S. 143 f
[15] http://www.montessori-deutschland.de/maria_montessori.html?&MP=207-778

Außerdem dürfen sich die Kinder ihr Arbeitsmaterial immer selber aussuchen. Ebenso ob mit jemand anderen und mit wem sie spielen wollen und wann, sowie die Dauer. Die Freiheit ist in der Montessori- Pädagogik sehr wichtig.[16] Maria Montessori verstand darunter aber nicht, dass man einfach tun kann was man will, sondern, dass man „Meister seiner selbst ist".[17] Das bedeutet unter anderem die Einhaltung bestimmter Regeln im Umgang mit den anderen Kindern. Diese freie Wahl führt dazu, Verantwortung für sich selbst und für die anderen zu tragen.

Spielsachen in der Montessori- Pädagogik wären zum Beispiel die Gegenstände des alltäglichen Gebrauchs. Die Kinder lernen, wie man eine Kerze anzündet, ein Glas Wasser ohne Verschütten trägt oder wie man Schleifen bindet. Ein anderes berühmtes Beispiel, auch aus „normalen" Kindergärten, wäre der Rote Turm, der den Kindern den Unterschied zwischen „am Größten" und „am Kleinsten" zeigt, sowie ihr mathematisches Verständnis trainiert. Dann gibt es auch noch Buchstaben und Zahlen auf Sandpapier gedruckt, so dass die Kinder die Symbole ertasten können. Es dient zum Erlernen des Lesens, sowie des Schreibens. Man kann also sagen, dass so ziemlich alle Spielsachen und Materialen darauf ausgerichtet sind, den Kindern etwas Nützliches für ihr späteres Leben beizubringen und sie damit auf die Schule vorzubereiten.

3.3.2. Der Erzieher/ Lehrer

Beim Selbsterziehungsprozess der Kinder sind die Erzieher bzw. Lehrer, aber auch die Eltern von großer Bedeutung. Sie geben dem Kind die Liebe, Zuwendung und Aufmerksamkeit, die es für seine Entwicklung benötigt. Das Kind lernt vom Wissen der Erwachsenen um sich herum. Die Aufgabe der Erzieher und Lehrer in einer Montessori- Einrichtung ist es deshalb, das Verhalten und die Bedürfnisse der Kinder zu interpretieren und die benötigten Bedingungen für die Entwicklung der Persönlichkeit zu schaffen, beispielsweise das Material bereitstellen, welches das Kind im Moment braucht. Eine weitere Aufgabe von ihnen ist, den Kindern die vorhandenen Spielsachen zu zeigen und notfalls zu erklären. Sie halten sich jedoch soweit es geht aus dem Spielen und Arbeiten der Kinder heraus. [18]

---

[16] Barbara Stein (2003), dt. Montessori- Vereinigung e.V.
[17] Montessori, Maria Grundgedanken der Montessori- Pädagogik, Freiburg 1967
[18] Barbara Stein (2003), dt. Montessori- Vereinigung e.V.

4. Vor- und Nachteile der Montessori- Pädagogik

Die Vor- und Nachteile der Montessori- Pädagogik sind schwer zu sagen. Es kommt darauf an, nach was für Grundsätzen man sein Kinder erziehen oder erzogen haben will. Trotzdem ist die Montessori- Pädagogik natürlich vor allem für das Kind eine sehr gute Methode. In der folgenden Tabelle sind die Vor- und Nachteile allgemein mal zusammengefasst:

Vorteile	Nachteile
Kinder lernen Selbstständigkeit (Freiarbeit)	Kindergarten schon sehr auf „Schulerziehung" geprägt → mathematisches und sprachliches Spielzeug
Selbstständiges Lernen → Kinder wollen lernen und haben Spaß daran → mehr Erfolg	Kinder ohne den Willen lernen zu wollen, haben Probleme mit der großen Selbstständigkeit
Alle Kinder sind gleich viel Wert und haben die gleichen Chancen	Bei Eingliederung in normale Schule Probleme → Leistungsdruck
Kinder lernen Solidarität (Montessori ist für alle geöffnet) und Sinn für Gerechtigkeit, Frieden und Umwelt	Kindergarten wird mehr als „Arbeitsplatz", statt als „Spielplatz" gesehen
Es wird besonders auf das Kind eingegangen → Pädagogik wird dem Kind angepasst	
Besonderes Verständnis für die „Launen" oder Handlungen des Kindes	
Kein hoher Leistungsdruck in der Schule	

5. Fazit

Man könnte nun also sagen, die Montessori- Pädagogik hat einen schlechteren Ruf, als wie sie tatsächlich ist. Es wird dabei vielmehr auf das Kind und eine Bedürfnisse eingegangen und man versucht es zu verstehen und nicht einfach nur nach bestimmten Richtlinien zu erziehen.
Entgegen der Meinung, dass Kinder von Montessori- Schulen von ihrem Wissensstand Gleichaltrigen hinterher sind, heißt es sogar sie würden besser abschneiden. Das zeigt

ein Beispiel aus Schweden. Dort wurden an verschieden Schulen regelmäßig einheitliche Tests durchgeführt. Das Ergebnis zeigte, dass die Montessori- Schulen sogar eher besser als der Durchschnitt abschneiden. Grund dafür ist die hohe Selbstständigkeit der Schüler und die Verbindung von Leistung und Lust. Es hat sich nämlich auch in anderen Ländern gezeigt, dass das Lernen mehr Erfolg hat und mehr Spaß macht, wenn man auch mal kleine Erfolge hat und somit mit sich selber zufrieden ist.[19] Motivation und Lernerfolge wäre hier das Stichwort! Die Montessori- Pädagogik arbeitet genau damit und dafür. Die Kinder haben Spaß am Lernen, weil sie etwas lernen wollen und wollen lernen, weil es ihnen Spaß macht.

Auch die vorherige Tabelle zeigt, dass es mehr Vorteile als Nachteile an dieser Art der Pädagogik gibt. Kinder können eigentlich nur davon profitieren. Voraussetzung dafür ist natürlich auch, dass die Eltern es bei seiner eigenständigen Entwicklung unterstützen und es nicht durch unbedachtes Eingreifen stören.

Die Vorurteile und Bedenken, die viele Eltern Bezug auf Montessori- Einrichtungen haben lassen sich so auch eher nicht bestätigen. Es kann natürlich für ein Kind, das nach einem normalen Kindergarten oder einer normalen Schule auf eine Montessori-Schule wechselt, schwierig sein, mit der großen Selbstständigkeit, die beim Lernen erwartet wird, zurechtzukommen. Aber auch hier kann es nur gewinnen, weil es etwas lernt, das man im Leben immer benötigt: Selbstständigkeit, Gerechtigkeit und vielleicht auch heute noch das Ziel in einer friedlichen Welt zusammen zu leben.

---

[19] Prof. Dr. Hans Dietrich Raapke (2003), dt. Montessori-Vereinigung e.V.

6. Anhang

6.1 Literaturverzeichnis

Bücher

Hobmaier (2008)

Hobmaier et al: Pädagogik, 4. Auflage

Montessori (1990)

Montessori, M.: Grundgedanken der Montessori- Pädagogik, Freiburg 1967

Montessori, M.: Kinder sind anders, 5. Auflage, München 1990

Internet

Montessori Dachverband Deutschland e.V.

Maria Montessori- Lebenslauf und Lebenswerk:

http://www.montessori deutschland.de/745.html?&MP=207-778

Maria Montessori:

http://www.montessori-deutschland.de/maria_montessori.html?&MP=207-778

Raapke (2003)

Prof. Dr. Hans Dietrich Raapke und Fachgruppe „Theorie", dt. Montessori-Vereinigung e.V.: Profil der Montessori-Pädagogik und ihrer Einrichtungen

Stein (2003)

Barbara Stein und Fachgruppe "Theorie", dt. Montessori- Vereinigung e.V.: Montessori-Pädagogik – Das Konzept der Erziehung in Elternhaus, Kindergarten und Grundschule

6.2 Bilder

http://www.easybizchina.com/picture/product/200912/22-50f50c28-038a-418c-98bc-b7e6aec5eaf0.jpg

http://www.montessori-konstanz.de/images/material-uebungen.jpg

http://www.holzwuerfel.com/.media/421332466096.jpg

http://sunitasmontessorischool.com/images/Maria.jpg

6.3 Quellen

Montessori-Pädagogik – Das Konzept der Erziehung in Elternhaus, Kindergarten und Grundschule
Barbara Stein und Fachgruppe „Theorie" der Dozentenkonferenz der deutschen Montessori- Vereinigung e.V., Stand 2003)

1. Das Lebenswerk Montessoris
Maria Montessori, geboren in Italien, lebte von 1870 – 19521. Sie war Ärztin und Pädagogin. Durch Studium, Beobachtung und Reflexion gewann sie Erkenntnisse über den kindlichen Selbsterziehungsprozess und schuf eine pädagogische Philosophie und Praxis, die bestimmt war von der Achtung der Person und ihrer Selbstbestimmung und vom Bewusstsein der Verantwortung für die Welt. Entscheidend war, dass unter ihrer Anleitung Kindergärten und Schulen gegründet wurden, die aus ihren praktische Konsequenzen zogen. Dadurch wurden neue Unterrichtsformen und didaktisches Arbeitsmaterial entwickelt, die dem kindlichen Forschungs- und Entwicklungsdrang Raum gaben und selbstbestimmtes Lernen ermöglichten. Durch die Umsetzung ihrer Ideen in die Praxis und durch Ausbildungskurse in vielen Ländern der Welt schuf Maria Montessori für alle interessierten Pädagogen die Möglichkeit, ebenfalls die neuen Unterrichtsformen und Arbeitsmittel kennenzulernen. So wurde das Konzept der Montessori-Kindergärten und Schulen vielfältig erprobt und gesichert; Montessori- Einrichtungen sind auf der ganzen Welt verbreitet. Mit der von Maria Montessori und ihrem Sohn Mario gegründeten "Association Montessori International" – AMI, Sitz Amsterdam, arbeiten Montessori- Gesellschaften und –vereine aus allen Kontinenten zusammen. In Deutschland gibt es derzeit ungefähr 950 Montessori-Einrichtungen, davon 570 Kinderhäuser oder Kindertagesstätten, 300 Elementarstufen (Grund-, Sonder-, Förderschulen) und 80 Sekundarstufen (Haupt-, Real-, Gesamtschulen, Gymnasien, Berufsschulen). Die Einrichtungen sind in privater, städtischer, evangelischer, katholischer oder sonstiger Trägerschaft. Erzieher(innen) und Lehrer(innen), die an Montessori-Einrichtungen arbeiten, müssen in einem standardisierten Ausbildungskurs von ca. 300 Stunden das "Montessori-Diplom" erwerben bzw. das Montessori-Diplom vorweisen

2. Das Kind von 0 – ca. 11 Jahren und der Erziehungsprozess
Das Kind wird geboren mit dem Drang zu lernen und zu wachsen. Sein spontanes Bedürfnis, sich aktiv mit der Umwelt auseinander zu setzen, führt zu Erkenntnisprozessen, die seine Persönlichkeit bilden. Es erlebt sein Wachstum mit großer Freude, sofern es von einfühlsamen Erwachsenen begleitet wird und in einer anregenden Umwelt lebt. Der Erziehungsprozess ist im Wesentlichen ein Selbsterziehungsprozess. **"Hilf mir, meine Arbeit selbst zu tun"**, ist zu einem Leitwort der Montessori-Pädagogik geworden. Der Satz bezeichnet treffend die beiden Komponenten der Erziehung, wie Montessori sie sieht: Die Erwachsenen schaffen die Bedingungen, die das Kind braucht, damit es durch eigene Kraft seinen Wachstums- und Bildungsprozess vorantreiben kann. Montessori entdeckte, dass bereits kleine Kinder zu tiefer Konzentration auf eine Sache fähig sind und dadurch zu wesentlichen Erfahrungen mit dieser Sache wie mit sich selbst kommen. Deswegen ist die Konzentration "von größter Wichtigkeit für das innere Wachstum". Denn in der **Polarisation der Aufmerksamkeit"** setzt sich das Kind mit den Dingen und Erscheinungen seiner Umwelt auseinander, lernt sie verstehen und ordnet sie in sein Denken ein. ermöglichen, zu erhalten und zu vertiefen. **Erziehungsziel** ist die psychisch gesunde und eigenständige Person, die ihre Begabungen wahrnehmen und nutzen und ihre Schwächen kompensieren kann. Das Kind durchläuft verschiedene Entwicklungsphasen. Jede Entwicklungsphase ist durch bestimmte **Sensibilitäten** - Montessori nennt sie **sensible Perioden"** - gekennzeichnet. In bestimmten Zeitphasen sind die Kinder besonders bereit, spezifische Fähigkeiten (Bewegung, Sprache, u.a.) optimal und leicht zu erlernen. Sie wenden sich mit intensiver Konzentration entsprechenden Bildungsanreizen zu, erwerben formale und inhaltliche Kompetenzen und prägen sie sich dauerhaft ein. So führt beim kleinen Kind (0-ca.6 Jahren) die **Sensibilität für Bewegung** zur Freude an allen Übungen, die zur Bewegungs-Koordination, zum Begreifen der Umwelt und zur Selbst- Beherrschung entscheidend beitragen. Die **Sensibilität für Sprache** führt zum mühelosen Absorbieren jeder Muttersprache und **die Sensibilität für Ordnung** zum Aufbau geistiger Ordnungsstrukturen und zum Erfassen ordnender Kategorien (Eigenschaften von Gegenständen wie Größe, Länge, Gewicht u. a., von zeitlichen Ordnungen, von Ritualen usw.) Durch die **Sensibilität für soziale Interaktionen** kann das Neugeborene schnell Kontakte aufnehmen und in die menschliche Gemeinschaft hinein wachsen. Das Kind von ca. 6 bis ca. 11 Jahren will seine Interaktionen ausweiten; die Gruppe wird wichtig. Es ist sensibel für Fragen, die sich auf **Gerechtigkeit und Moral** beziehen, es sucht nach überzeugenden Wertmaßstäben und möchte im Leben der Gemeinschaft erkennen und einüben. Aufgrund seiner wachsenden **Abstraktionsfähigkeit** möchte das Kind Ursachen und Wirkungen von Naturerscheinungen erforschen. Seine sich steigernde **Vorstellungskraft** vermag in immer weitere Zusammenhänge unseres Kosmos einzudringen. Das Kind interessiert sich für das Erlernen der **Schriftsprache** (Lesen, Schreiben, sprachliche Strukturen) und das Erfassen von **Mathematik**. Sensible Phasen sind an bestimmte Entwicklungsstufen geknüpft und von vorübergehender Dauer. Es ist Aufgabe der erziehenden Personen durch **genaue Beobachtung** zu erkennen, welche Aspekte der Umgebung sich das Kind für das Lernen besonders intensiv nutzbar machen kann. Die verschiedenen pädagogischen Einrichtungen orientieren sich an den Lernbedürfnissen der jeweiligen Entwicklungsstufe, damit sie durch entsprechende Angebote bestmöglich darauf antworten können.

3. Montessori-Erziehung in Elternhaus, Kinderkrippe oder Spielgruppe
Die Eltern und andere Bezugspersonen sichern Lernen und Wachstum des Kleinkindes. Sie wenden sich ihrem Kind liebevoll zu und geben ihm Orientierung durch Zuverlässigkeit der persönlichen Beziehungen, des Tagesablaufs und der Wohnräume. Sie sprechen mit ihm und lassen es an ihrem Leben teilhaben. Sie regen es zu Tätigkeiten an, indem sie geeignetes Spielzeug oder andere Dinge bereitstellen, seinen Spiel- und Arbeitszyklus achten und darin seinen Selbsterziehungsprozess erkennen. Sie sorgen für Kontakte mit anderen Kindern und mit der Umwelt und sie erfreuen sich an seinen Lernfortschritten.

4. Das Kinderhaus
Der Montessori-Kindergarten wird Kinderhaus genannt, abgeleitet von ital. „casa dei bambini". Seine Einrichtung korrespondiert mit der Entwicklungsphase drei- bis sechsjähriger Kinder und bietet Lernanreize, die den sensiblen Perioden dieser Phase entsprechen. Der Tag ist strukturiert durch Phasen des Freispiels, der gemeinschaftlichen Aktivität und der Bewegungsspiele auf dem Spielplatz des Kinderhauses. Im Gruppenraum finden sich nach Entwicklungs- bzw. Lernbereichen geordnete Arbeits- und Spielmittel. Je nach Konzept des Kinderhauses können auch jeweils einzelne Räume thematisch gestaltet sein. Die **Erzieherinnen und Erzieher** sind die **Interpreten kindlicher**

Verhaltensweisen. Durch teilnehmende Beobachtung gewinnen sie Kenntnisse über den Entwicklungsstand und die Entwicklungsbedürfnisse des Kindes und unterstützen es in seinem Selbsterziehungsprozess: Sie geben den Kindern **Orientierung** durch Zuverlässigkeit der persönlichen Beziehungen, des Tagesablaufs und der Ordnung in den Räumen. Sie respektieren den Spiel- und Arbeitszyklus des Kindes und sorgen dafür, dass es ungestört arbeiten (spielen) kann. Sie gestalten die Räume des Kinderhauses und tragen Sorge für Vollständigkeit und Intaktheit des Arbeits- und Spielmaterials. Denn die **"vorbereitete Umgebung"** mit ihren didaktischen Mitteln ist entscheidend wichtig für das Wachstum und Lernen des Kindes. Das kindliche Interesse an **Bewegung** und **aktiver Nachahmung** findet in den **"Übungen des täglichen Lebens"** vielfältige Handlungsmöglichkeiten. Das **"Sinnesmaterial"** korrespondiert mit der Freude an **sensorischen Reizen**, verfeinert die Sinneswahrnehmung und regt zur Erforschung von grundlegenden Ordnungskategorien an. Es ist ein **Schlüssel zur Welt**, der es den Kindern erlaubt, aufgenommene Eindrücke zu verarbeiten und zu ordnen. Auch das **Mathematik-Material** antwortet auf das kindliche Interesse an Ordnungsstrukturen, die es in Zahlen und Rechenoperationen entdecken kann. Die Freude an der **Sprache** führt durch die Ansprache der Erzieherinnen und der anderen Kinder zur Erweiterung des Wortschatzes; auch zum Kennenlernen von geschriebener Sprache werden dem Kind Materialien angeboten. Das kindliche Interesse für **Fantasiespiele** findet seine Antwort in Puppen- und Bauecke. **Musische Tätigkeiten** wie Singen, Basteln, Malen und Handarbeiten sind selbstverständlich.

5. Die Grundschule
Die Unterrichtszeit ist geteilt in eine Zeit des selbstbestimmten Lernens, genannt Freiarbeit und eine Zeit des Lernens in gebundenen Formen, genannt Fachunterricht. Die Freiarbeit ist fächerübergreifend, der Fachunterricht ist fachgebunden, kann – als Projektunterricht – aber auch fächerübergreifend organisiert sein. Freiarbeit und Fachunterricht werden ergänzt durch Unterrichtsgänge, Klassen- und Schulfeiern, Gottesdienste und Klassenfahrten. Das Grundschulkind ist voller Lernbegier. Jetzt kann "die Saat von allem gesät werden", "was zur Bildung keimen will." Das bedeutet: Den Kindern sollen die Türen zu vielen Wissensgebieten geöffnet werden. Der Unterricht muss so organisiert sein, dass das Kind Erfahrungen machen kann und durch seine Aktivitäten Bildungsziele erreicht. Ein wesentlicher Faktor ist dabei die **Gestaltung der Lernumgebung**. Diese wird bestimmt durch das Interesse des Grundschulkindes
> an den Erscheinungen der **Natur** und Errungenschaften der **Kultur**,
> an **Sprache**, insbesondere an geschriebener Sprache,
> und an **Mathematik**.
Auch der wachsenden **Vorstellungsund Abstraktionskraft des Kindes**, seinem **Forscherdrang** wie seinem Bedürfnis nach **sozialer Interaktion** muss Rechnung getragen werden. Die Freiarbeits-Materialien wie auch der gebundene Unterricht zu den Sachgebieten der Grundschule (Mathematik, Deutsch, Englisch, Sachunterricht, Kunst, Musik, Religion, Sport) korrespondieren mit den Lehrplänen des Landes. Die Arbeit in der Grundschule muss dem Gedanken folgen, dass Bildung keine Anhäufung von einzelnen Kenntnissen ist, sondern nur durch das **Erfassen von Zusammenhängen** erreicht wird. Das Bewusstsein vom Zusammenwirken aller Dinge und allen Lebens in der Gesamtheit des Universums soll auf die Übernahme von **Verantwortung** für eben dieses Universum vorbereiten; Montessori bezeichnet diesen für das zentrale Erziehungsaspekt als **"Kosmische Erziehung"** Der **Sensibilität** des Grundschulkindes für **soziale Beziehungen und moralische Fragen** wird Rechnung getragen, indem die Lehrpersonen partner- und gruppenbezogenem Lernen Raum geben und auf eine "geistige" vorbereitete Umgebung achten, in der sich das moralische Bewusstsein des Kindes bilden und seine Urteilsfähigkeit im Hinblick auf sozial gerechtes Handeln wachsen kann. Die **Klassen** sind **altersgemischt**, weil Kinder in einer Weise voneinander lernen, die kein Material und kein Erwachsener ersetzen kann. Durch die Verschiedenheit der Charaktere, der Begabungen, des Geschlechtes und des Alters, insbesondere des kognitiven Entwicklungs- und Lernstandes erfahren sie sowohl reiche Anregungen wie auch Begrenzungen. Die Sozialfähigkeit und die Handlungskompetenz des Kindes wachsen in einer jahrgangsgemischten Klasse auf Grund der Vielfalt der möglichen Beziehungen: die Jüngeren bewundern die Älteren, sie übernehmen von ihnen Arbeitsweisen und erbitten Hilfe; die Älteren fühlen sich reifer, in ihren Fähigkeiten anerkannt und übernehmen gerne Aufgaben als "Paten" für die Jüngeren. An Montessorischulen wird unterschiedliche Modelle der Altersmischung verwirklicht; es gibt die Mischung von zwei, drei oder vier Jahrgängen.

6. Die didaktischen Mittel
Damit das Kind in der vorbereiteten Lernumgebung seine Bildungsziele erreichen kann, muss es Mittel finden, die seine Aktivität herausfordern und in sinnvolle Bahnen lenken. Deswegen muss das **Arbeitsmaterial** für die Hand des Kindes in **Kinderhaus** und **Grundschule** bestimmte Kriterien erfüllen.
> Das Material korrespondiert mit der kindlichen Entwicklungsstufe und seiner spezifischen Sensibilität.
> Es erlaubt eigenaktives und eigenständiges Arbeiten.
> Es zeichnet sich durch Sachgerechtigkeit und klare Struktur aus.
> Auch abstrakte Sachverhalte sind anschaulich repräsentiert und können handelnd begriffen werden.
> Das Material erlaubt die isolierte Einübung einer Schwierigkeitsstufe und erleichtert dadurch die Konzentration auf das Beherrschen dieser Schwierigkeit.
> Die zu jeder Übung gehörende Fehlerkontrolle ermöglicht es dem Kind, seine Arbeitsergebnisse eigenständig zu überprüfen.
> Das Material liegt in offenen Regalen oder Schränken und ist den Kindern frei zugänglich.
> Das Material ist vollständig, ästhetisch ansprechend gestaltet und nach Bereichen geordnet.
> Jedes Material ist nur einmal oder in sehr begrenzter Anzahl in der Klasse vorhanden, was die gegenseitige Absprache unter den Kindern fördert. Nicht jedes Thema kann adäquat durch ein Material dargestellt werden.
> Auch **spannendes Erzählen oder Vorlesen sowie** das **engagierte Gespräch** gehören zu den didaktischen Mitteln.

7. Freiheit und Begrenzung
Die Sensibilität für den Erwerb bestimmter Kompetenzen kann sich erst auswirken, wenn dem Kind in der vorbereiteten Umgebung die **Freiheit** gegeben wird,
> sich seine **Arbeit** selbst **auszusuchen**
> zu entscheiden, ob es **allein** oder **mit Partner(in)** arbeiten will,
> seine **Arbeitspartner(innen)** selber **zu** wählen,
> das **Zeitmaß** für die Bearbeitung
einer gewählten Übung selbst zu bestimmen. M. Montessori versteht unter **Freiheit** niemals ein bloßes Gewährenlassen. "Freiheit bedeutet nicht, 'dass man tut, was man will', sondern Meister seiner selbst zu sein."Dazu gehört es, Verhaltensregeln einhalten zu können, die ein geordnetes Arbeiten des Einzelnen wie der Gruppe

gewährleisten. Die Freiheit innerhalb der vorbereiteten Umgebung ist eine Freiheit, die Bindungen eingeht und Begrenzungen akzeptiert. Sie ist einerseits didaktisches Mittel, andererseits auch Erziehungsziel. Die täglichen Übung, sinnvoll zu wählen und sich so zu entscheiden, dass sowohl die eigenen Entwicklungsbedürfnisse wie auch die Bedürfnisse und Rechte der anderen beachtet werden, führt zu Freiheit in Verantwortung.

8. Eltern, Erzieher(innen), Lehrer(innen)

Bezugspersonen, Erzieher(innen) und Lehrer(innen), vor allem aber die Eltern sind im Selbsterziehungsprozess des Kindes von entscheidender Bedeutung. Das Kind braucht ihre Liebe und Einfühlsamkeit, ihr Wissen und ihre Autorität. Die Erwachsenen interpretieren die kindliche Bedürfnisse und schaffen die Bedingungen, die das Kind für seine Persönlichkeitsentwicklung braucht.

<u>Maria Montessori - Lebenslauf und Lebenswerk</u>
v.6 1 © Montessori Dachverband Deutschland e.V.

1) Reformpädagogischer Kontext
Im Zuge vielfältiger Bestrebungen zur Umgestaltung des Lebens, die aus einem Unbehagen an der gesellschaftlichen Situation entstanden waren, entwickelte sich zum Ende des 19.
Jahrhunderts neben anderen Strömungen auch die vehemente Kritik am Erziehungswesen und der damit einher gehenden Bildungspolitik. Die unterschiedlichen Konzepte für eine neue Erziehung wurden unter dem Begriff „Reformpädagogik" zusammengefasst. Die
Staatspädagogik des 19. Jahrhunderts wurde durch diese Ansätze in Frage gestellt. Dies
bedeutete eine Abkehr von der Buchschule und dem Auswendiglernen. Der Kindheit wurde ein Eigenwert zugestanden, zu der ein eigener Lebensabschnitt gehört. Diese Erneuerungsbemühungen waren nicht auf Deutschland geschränkt. In den meisten
europäischen Ländern gab es diese Strömungen, aber auch in den USA. Zu internationaler Geltung gelangten, neben Maria Montessori (1870-1952) in Italien, Celestin Freinet (1896-1966), Peter Petersen (1884-1952), John Dewey (1859-1952) und Rudolf Steiner (1861-1925). Das Hauptziel der Erziehung war die Ausbildung und optimale Förderung der kindlichen Persönlichkeit, nicht wie bisher die Anhäufung von abfragbarem Wissen.

2) Das erste Kinderhaus 1907
Am 6. Januar vor 100 Jahren eröffnete die italienische Ärztin in Roms Elendsviertel San
Lorenzo ihr erstes, revolutionär wirkendes Kinderhaus (*casa dei bambini*) und damit begann die heute weltweit verbreitete Montessori-Bewegung. Maria Montessori hatte zwar schon vor diesem Kinderhaus - heute sagen wir Kita - erste pädagogische Erfahrungen bei der Arbeit mit sozial deprivierten Kindern gesammelt. Angeregt durch die sehr schwierigen sozialen Verhältnisse in großen Teilen Italiens engagierte sie sich in der Frauenbewegung und hielt auf dem internationalen Frauenkongress 1896 in Berlin eine viel bewunderte und zitierte Rede. Doch nahm von 1907 an Maria Montessoris Leben eine andere Richtung. Aus der Ärztin mit Doktortitel und intensiven sozialreformerischen Ideen wird von diesem Jahr ab eine engagierte Pädagogin mit einer völligen Hinwendung zur Sache des Kindes. Maria Montessoris Zuordnung zur Reformpädagogik ist durch das Spannungsverhältnis von Erziehung und Bildung gekennzeichnet. Ihr Interesse galt vordergründig nicht der Reform der
Schule sondern der Erziehung allgemein - von der Geburt bis zum Erwachsenenalter. Dabei
postulierte sie ein einheitliches Zusammenspiel von Elternhaus und den verschiedenen
Erziehungsinstitutionen bezogen auf die Zielrichtung der Erziehung. Im Rahmen ihrer Tätigkeit als Assistenzärztin an der Psychiatrischen Klinik in Rom kam Montessori ab 1896/97 erstmals mit pädagogischen Fragestellungen und Problemen in Berührung. Durch die Arbeit mit diesen Kindern wurde sie darin bestätigt, dass eine anregende Umgebung, die Ausbildung und Verfeinerung der Bewegung und der sinnlichen Wahrnehmung diese Kinder eher in ihrer Entwicklung förderten als rein medizinische Maßnahmen. Ähnliche Gedanken hatten die beiden französischen Ärzte Itard (1774-1838) und Seguin (1812- 1880) schon einige Jahrzehnte vor ihr postuliert. Seguin stellte die These auf, die tätige Hand fördere die Intelligenz. Dazu entwickelte er Übungsmaterialien, die Maria Montessori inspirierten, ihr eigenes didaktisches Material zu schaffen. Als sie 1907 die Gelegenheit zur Eröffnung des Kinderhauses für 50 noch nicht schulpflichtige Kinder in einem Armenviertel Roms bekam, verwirklichte sich ihr Interessengebiet zur Pädagogik hin und die eigentliche Montessori-Bewegung. In dieses Haus für Kinder brachte sie ihr bisher entworfenes Material, verfeinerte, modifizierte und systematisierte es und entwarf durch die konsequente Beobachtung der Kinder angeregt zusätzliches. Die Kinder zeigten große Freude am Lernen, waren konzentriert bei ihrer Tätigkeit, sie waren ernsthaft, erfolgreich und wurden selbstbewusster. Hospitantinnen kamen anfänglich aus ganz Italien, zunehmend aber auch aus den USA.

3) Verbreitung der Pädagogik
1909 schrieb Montessori ihr erstes pädagogisches Buch, in dem sie ihre Methode und ihr
Material erläuterte. Es wurde 1913 in deutscher Sprache unter dem Titel *Selbsttätige Erziehung im frühen Kindesalter* veröffentlicht. Dieses Werk erlebte mehrere Überarbeitungen und liegt heute unter dem Titel *Die Entdeckung des Kindes* vor. Inhaltlich geht es um die Entdeckung, dass das Kind – wenn man ihm interessantes Material gibt, das es fasziniert – einer besonderen Form der Konzentration (Maria Montessori nennt sie *Polarisation der Aufmerksamkeit*) fähig ist. Montessori wies nach, dass die – auch heute noch – verbreitete Auffassung von der Unstetigkeit kindlicher Handlungen im Trugschluss ist. Denn wenn ein Kind von einer Sache gefangen genommen wird, versenkt es sich in eine besondere Form der Konzentration, die das Kind ausgeglichener und ruhiger werden lässt. Ihr gesamtes pädagogisches Wirken war auf die Bedingungen für die Wiederholbarkeit der Polarisation der Aufmerksamkeit gerichtet. Parallel zur Eröffnung weiterer Kinderhäuser in Italien hielt Montessori zu Ausbildungslehrgänge zuerst nur in Italien, später in vielen Ländern ab. Sie pendelte zwischen ihrem Wohnsitz Barcelona, Italienaufenthalten und vielen Reisen (Vorträge, Lehrgänge) in Europa (Ehrendoktorwürde in Durham, England)) und in die USA. Zunächst vertiefte sie natürlich ihre Beziehung zu ihrem Sohn, der sie inzwischen fortwährend begleitete und in ihr Werk und Denken hineinwuchs. Der in Italien beginnende Faschismus berührte auch die sich in Italien ausbreitende Montessori-Pädagogik. Die faschistische Idee, die einen engagierte Pädagogik ideologisch zu instrumentalisieren, gelang allerdings nicht. In dieser Zeit schrieb Montessori u.a. ein Werk zur religiösen Erziehung (*I bambini viventi nella chiesa* 1922) und zwei mathematisch didaktische Werke (*Psico Arithmetica* und *Psico Geometrica*). Eine wichtige Station Montessoris war Wien, wo sie mit Anna Freud, der Tochter Sigmund Freuds, Kontakt fand. Wie viele andere wissenschaftliche Strömungen wurden so auch psychoanalytische Ideen von Montessori aufgenommen (K. Jühlke: Montessori und Freud).

Diss. Münster 1980). Zu größerer Verbreitung und Bedeutung gelangt auch ihr Buch *„Kinder sind anders"*(*Il segreto dell'infancia* 1938). Es war u.a. der spanische Bürgerkrieg, der Montessori veranlasste, Spanien zu verlassen und Wohnsitz in den Niederlanden zu nehmen, wo sich (nach Berlin) auch der Sitz der weltumspannenden Montessori-Organisationen (AMI) befand.

4) Montessori in Indien
Im Sommer 1939 begab sich Maria Montessori zusammen mit ihrem Sohn Mario auf Einladung der Theosophischen Gesellschaft auf Seereise nach Indien. Noch auf See erhielt sie die Nachricht vom Beginn des 2. Wertkrieges. Indien, das damals zum Machbereich Englands und damit zum Kriegsgegner der Achse von Hitler-Deutschland und Mussolini gehörte, internierte die beiden feindlichen Ausländer. Maria Montessori erhielt Hausarrest, Mario wurde gefangen genommen. Als Geschenk der indischen Regierung zu ihrem 70. Geburtstag wurde Mario Montessori im August 1940 entlassen und lebte von da an bis 1946 mit seiner Mutter zusammen in Indien. Beide konnten sich frei bewegen, durften das Land aber nicht verlassen. Mit vielen namhaften Persönlichkeiten trafen sich die Montessoris, so u. a. mit Tagore, Gandhi und Nehru. Sie führten in verschiedenen Teilen Indiens und Kaschmirs Ausbildungslehrgänge durch und gründeten eine Montessori-Schule. Ihr beider Arbeitsschwerpunkt lag auf der Erarbeitung einer Konzeption zur *Kosmischen Erziehung*, einem Bildungskonzept, das natur, sozialwissenschaftliche und religiös-moralische Perspektiven zu integrieren versucht. Außerdem widmete sich Maria Montessori der Kleinkinderbeobachtung und zog daraus entwicklungspsychologische Schlüsse, die sie 1948 in Madras/Indien veröffentlichte. Der deutsche Titel lautet *Das Kreative Kind*.

5) Die letzten Jahre
Bis in die letzten Lebensjahre hinein war Montessori (rastlos) auf „pädagogischen Missionsreisen und man könnte den Eindruck gewinnen, dass die Welt, und besonders das physisch wie seelisch beschädigte Europa, nach dem verheerenden Krieg auf sie gewartet haben, damit der pädagogische Neubeginn einer Friedensepoche beginnen konnte.
So reiste sie fast ununterbrochen z. B. in Indien, Ceylon, Pakistan (1949), zum Montessori-Kongress in San Remo (1949), durch die skandinavischen Länder (1950) und hielt Vorträge in Perugia, wo sie von der Universität zugleich zur Professorin ernannt wurde. Sie war Mitglied der UNESCO-Konferenz in Florenz (1950), führte einen Kurs in Innsbruck durch (1951) und begleitete ihren letzten Kongress 1951 in London. Unermüdlich war sie bis in ihre letzten Jahre auch schriftstellerisch tätig, z. B. *What you Should Know About Your Child* (1949), eine kurze Synthese ihres Denkens. Zum Lebensabend wurde sie mit Anerkennungen und Ehrungen überhäuft: das franz. Kreuz der Ehrenlegion (1949) wurde ihr vom Rektor der Sorbonne in Paris überreicht und in Perugia, Ancona, Mailand wurde sie zur Ehrenbürgerin ernannt (1950). Der italienische 1000-Lire-Schein wurde mit Montessoris Portrait gestaltet. Hoch geehrt wurde sie auch in den Niederlanden, wo sie ihren Wohnsitz in Nordwijk aan Zee nahm. Sie wurde von der Universität Amsterdam mit dem Ehrendoktor und als außerordentliche Hochschulprofessorin gewürdigt und mit dem Orden von Oranien und Nassau ausgezeichnet. Ihre Nominierung zum Friedensnobelpreis blieb leider folgenlos, zeigt aber doch an, daß Maria Montessori als Kosmopolitin der Pädagogik und des Friedens ihren festen wie verdienstvollen Platz in der Geschichte gefunden hat. Am 6. Mai 1952 starb Maria Montessori in Nordwijk aan Zee und auf ihrem Grabstein auf dem katholischen Friedhof lesen wir: *Io prego i cari bambini che possono tutto di unirsi a me per la costruzione della pace negli uomini e nel mondo."* ("Ich bitte die lieben Kinder, die alles können, mit mir zusammen für den Aufbau des Friedens zwischen den Menschen und in der Welt zu arbeiten.")

Maria Montessori
Maria Montessori, geboren in Italien, lebte von 1870 – 1952. Sie war Ärztin und Pädagogin. Durch Studium, Beobachtung und Reflexion gewann sie Erkenntnisse über den kindlichen Selbsterziehungsprozess und schuf eine pädagogische Philosophie und Praxis, die bestimmt war von der Achtung der Person und ihrer Selbstbestimmung und vom Bewusstsein der Verantwortung für die Welt. Entscheidend war, dass unter ihrer Anleitung Kindergärten und Schulen gegründet wurden, die aus ihren Erkenntnissen praktische Konsequenzen zogen. Dadurch wurden neue Unterrichtsformen und didaktisches Arbeitsmaterial entwickelt, die dem kindlichen Forschungs- und Entwicklungsdrang Raum gaben und selbstbestimmtes Lernen ermöglichten. Durch die Umsetzung ihrer Ideen in die Praxis und durch Ausbildungskurse in vielen Ländern der Welt schuf Maria Montessori für alle interessierten Pädagogen die Möglichkeit, ebenfalls die neuen Unterrichtsformen und Arbeitsmittel kennenzulernen. So wurde das Konzept der Montessori-Kindergärten und –schulen vielfältig erprobt und gesichert; Montessori-Einrichtungen sind auf der ganzen Welt verbreitet. Mit der von Maria Montessori und ihrem Sohn Mario gegründeten Association Montessori Internationale (AMI), Sitz Amsterdam, arbeiten Montessori-Gesellschaften und –Vereine aus allen Kontinenten zusammen.

2. Grundsätze und Ziele
erarbeitet von Prof. Dr. Hans Dietrich Raapke, Universität Oldenburg, und der Fachgruppe „Theorie" der Dozentenkonferenz der deutschen Montessori-Vereinigung e.V., Stand 2003

Als Ziele stehen in der Montessori-Pädagogik von diesen Ausgangspunkten her nicht kanonisch fixierte inhaltliche Lernziele im Vordergrund, sondern - modern ausgedrückt –„Schlüsselkompetenzen" wie disponieren, sprachlich kommunizieren, kooperieren, selbstverständlich in Verbindung mit fachlichen Kompetenzen. Es geht um die allmähliche Einübung des „selbstregulierten Lernens" in Verbindung mit dem Kompetenzerwerb. Den Kindern soll die Möglichkeit eröffnet werden, die Selbständigkeit, die von ihnen als Erwachsenen erwartet wird, schon frühzeitig einzuüben. Eine wichtige Voraussetzung dafür ist die sich Schritt um Schritt erweiternde Unabhängigkeit von den Erwachsenen und auch von anderen Kindern. Abhängigkeit von den Erwachsenen, die womöglich an den Kindern ihre eigenen Fehler korrigieren möchten, führt nach Montessori leicht zur Unterwürfigkeit und dem Anlehnungsbedürfnis an einen starken „Führer". Zu den Zielen gehören auch die heute so genannten „Sozialkompetenzen" in ihren vielfältigen Ausprägungen, die Bereitschaft zu helfen und Verantwortung zu übernehmen gegenüber Menschen wie auch für die Erhaltung und Pflege der Natur. In der Konsequenz führt das zu dem Ziel, dass Montessori-Einrichtungen für alle Kinder offen sind: Lernschwache und Hochbegabte, Behinderte und Nichtbehinderte, Einheimische und Einwanderer, Arme und Reiche, und zwar ohne Rivalität und Selektion. Höchstes Ziel war für Maria Montessori, Kinder und Jugendliche heranwachsen zu sehen, die über alle ethnischen, nationalen und sozialen Grenzen hinweg *Frieden* in der Welt schaffen. Das war eine großartige Vision, die dennoch einen realistischen Kern hat: Jedes neugeborene Kind ist eine neue Chance zum Frieden. Selbstverständlich ist auch die konkrete Leistung der Kinder und Jugendlichen auf jeder Stufe ihrer Entwicklung von großer Bedeutung: Beim Kleinkind ist es die Mithilfe in der häuslichen Umwelt, im Kinderhaus sind es die Übungen des praktischen Lebens und die Arbeit mit dem Sinnesmaterial zur Förderung der operativen Intelligenz; in der Schule die schnell wachsenden Herausforderungen und der fortschreitende Leistungsaufbau in der Mathematik sowie in der Beherrschung und dem Verständnis der Sprache; nicht zuletzt das höchst komplexe und umfängliche Unternehmen der „Erforschung von Natur und Kultur durch die Kinder und mit den Kindern"4 in der Kosmischen Erziehung. Kosmische Erziehung hat mehrere Dimensionen: ökologisch, humanethisch, politisch-sozial, religiös mit dem obersten Ziel des Friedens. Im Spätwerk hat Montessori ihre inhaltlichen Vorstellungen zum schulischen Lernen in einem auf die Entwicklung von Natur und Menschheit bezogenen „universalen Lehrplan" In Schweden werden regelmäßig reichseinheitliche Leistungstest an allen Schulen durchgeführt. Dabei schneiden die Montessori-Schulen eher besser ab als der Durchschnitt; ausschlaggebend ist dafür zumal die größere Selbständigkeit der Schülerinnen und Schüler. Auch die Erfahrungen in anderen Ländern zeigen, dass es in vielen Montessori-Schulen gelingt, eine „Verbindung von Lust und Leistung" zu erreichen, weil das Lernen Spaß macht, wenn es Erfolge bringt und Zufriedenheit nach sich zieht.